Me encantan los insectos

Los libros de la colección ¡Me gusta leer!™ han sido creados tanto por reconocidos ilustradores de libros para niños como por nuevos talentos, con el propósito de infundir la confianza y el disfrute de la lectura en los pequeños lectores.

Queremos que cada nuevo lector diga: "¡Me gusta leer!"

Puede encontrar una lista de otros libros de la colección ¡Me gusta leer!™ en nuestra página de internet: HolidayHouse.com/MeGustaLeer

Para Eva y Lorelei

La editorial le agradece a Louis N. Sorkin, B.C.E., por su experta revisión de este libro.

¡Me gusta leer! is a trademark of Holiday House Publishing, Inc.

Copyright © 2021 by Lizzy Rockwell
Spanish translation © 2022 by Holiday House Publishing, Inc.
Spanish translation by Eida del Risco
All Rights Reserved
HOLIDAY HOUSE is registered in the U.S. Patent and Trademark Office.
Printed and bound in July 2023 at C&C Offset in Shenzhen, China.
The artwork was created with colored pencil, gouache, and watercolor on Fabriano soft press watercolor paper.
www.holidayhouse.com
First Edition
3 5 7 9 10 8 6 4 2

This book has been officially leveled by using the F&P Text Level Gradient™ Leveling System.

Library of Congress Cataloging-in-Publication Data

Names: Rockwell, Lizzy, author.
Title: I love insects / by Lizzy Rockwell.
Description: New York : Holiday House, 2021. | Series: I like to read
Audience: Ages 4–8 | Audience: Grades K–1 | Summary: "The girl in this
story loves insects. Her friend does not like insects. Like them or not,
children will learn many interesting facts, as well as why insects are
essential to human survival"— Provided by publisher.
Identifiers: LCCN 2020035150 | ISBN 9780823447596 (hardcover)
Subjects: LCSH: Insects—Juvenile literature.
Classification: LCC QL467.2 .R6525 2021 | DDC 595.7—dc23
LC record available at https://lccn.loc.gov/2020035150

ISBN: 978-0-8234-5196-8 (Spanish edition)

Me encantan los insectos

Lizzy Rockwell

¡Me gusta leer!™

HOLIDAY HOUSE • NEW YORK

¡Me encantan los insectos!

¡Odio los insectos!

Los insectos son muy lindos.

Mira las bellas mariposas.

¡Los insectos son muy feos!
Mira la pulga.

Pulga de perro

Tamaño real

Los insectos ayudan a las plantas.
Las abejas llevan el polen.
Eso ayuda a que crezcan nuevas
plantas.

Las hormigas cavan en la tierra.
Eso también ayuda a las plantas.

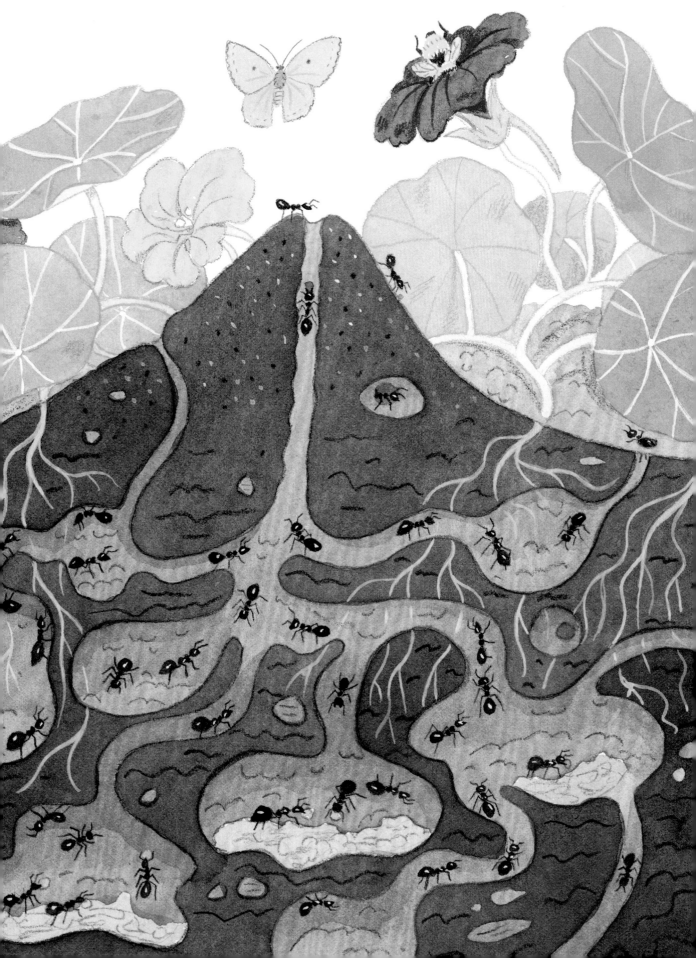

¡Algunos insectos hacen daño a las plantas!

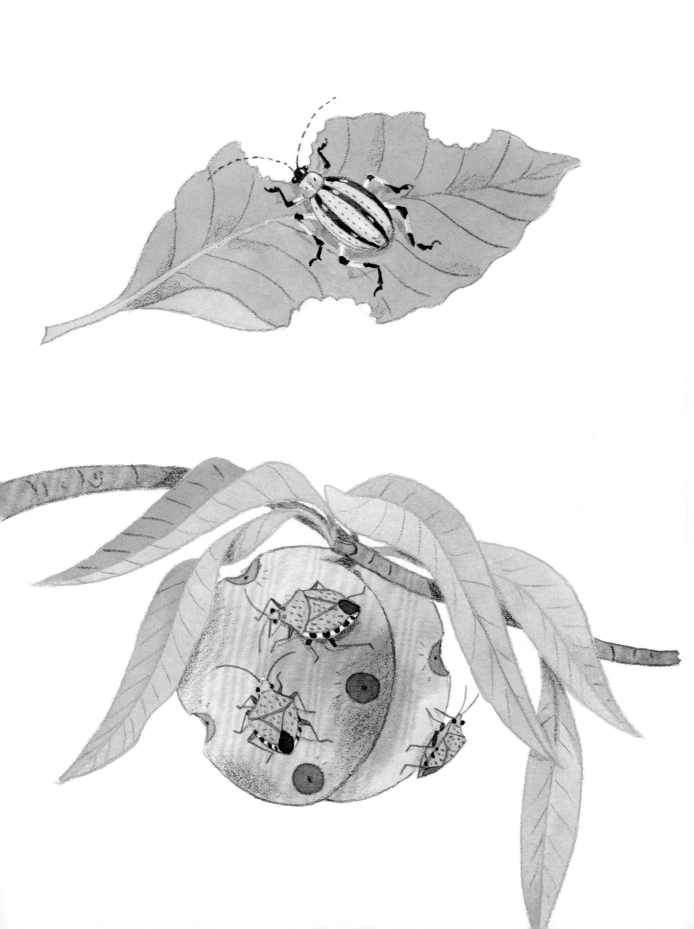

Pero los insectos también tienen que comer.
Algunos insectos se comen a otros insectos.

Los insectos son el alimento
de muchos animales.

Los insectos hacen sonidos bonitos.
¡Cri! ¡Cri!

¡Los insectos hacen sonidos molestos!
¡Zum! ¡Zum!

Me gusta mirarlos de cerca.

Yo quiero estar muy
lejos de ellos.
¿Y si uno me pica?

Ella no te va a picar.
Se come a otros insectos.

Se va a ir enseguida.

Me encantan los insectos.

¿Y a ti?

¿Viste estos insectos en el libro?

mosquito

abejorro

escarabajo japonés

mariquita

mariposa monarca

escarabajo rayado del pepino

grillo de campo

áfido

luciérnaga

mantis religiosa

mariposa azur

hormiga

pulga de perro

mariposa pequeño sátiro
de madera

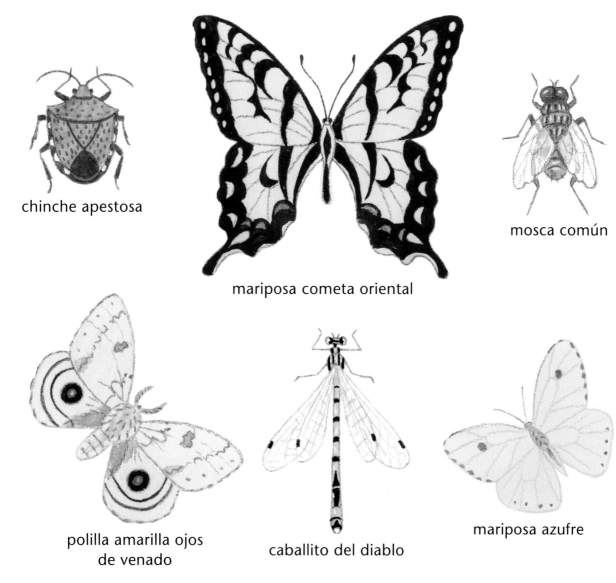

chinche apestosa

mariposa cometa oriental

mosca común

polilla amarilla ojos
de venado

caballito del diablo

mariposa azufre

¡Me gusta leer!